# Inhalt

# Ein paar Worte vorab

## Warum Resilienz ein Thema für die Kita ist

Als ich vor einigen Jahren gefragt wurde, ob ich einen Vortrag zu Resilienz halten könne, war dieser Begriff noch recht unbekannt. Inzwischen taucht er immer häufiger in den Sozialwissenschaften, in der Psychotherapie, in Industrie und Wirtschaft auf. Auch ist er vereinzelt in Bildungsplänen für Kitas zu finden.

Resilienz kommt von dem lateinischen Wort „resilire" und bedeutet: zurückspringen, abprallen. Lange wurde es ausschließlich im technischen Kontext verwendet. In der Psychologie und den Sozialwissenschaften meint der Begriff seelische Widerstandsfähigkeit. Durch sie können Krisen gemeistert und als Anlass für die persönliche Entwicklung genutzt werden (vgl. Welter-Enderlin 2012, S. 111 ff.).

Auf dem Kongress „Resilienz – Gedeihen trotz widriger Umstände" (Zürich 2005) wurden diese zentralen Forschungsfragen zum Thema formuliert (vgl. Nuber 2005):

- Wie ist es möglich, dass sich Kinder positiv und gesund entwickeln, obwohl sie mehrfach vorhandenen Risikofaktoren wie Armut, Vernachlässigung, Misshandlung oder alkoholkranken Eltern ausgesetzt sind?
- Warum stehen einige Menschen anhaltende extreme Stressbedingungen (z. B. chronische Krankheiten) besser durch als andere?
- Warum sind viele Menschen in der Lage, sich von traumatischen Erlebnissen, wie Gewalterfahrungen, Naturkatastrophen, Kriegserlebnissen, Tod eines nahestehenden Menschen, relativ schnell zu erholen?

# Resilienz fördern bei Kita-Kindern

Petra Weirauch-Schmachtenberg

Cornelsen

**Autorin**
Petra Weirauch-Schmachtenberg

**Umschlagfoto**
© Yuganov Konstantin – shutterstock.com

**Lektorat**
Juliane Baumann, Berlin

**Umschlagkonzept**
Ungermeyer, grafische Angelegenheiten, Berlin

**Satz und Layout**
LemmeDESIGN, Berlin

**Druck**
Heenemann GmbH & Co. KG, Berlin, DE

Verlag an der Ruhr
Mülheim an der Ruhr
www.verlagruhr.de



ISBN 978-3-8346-5269-0

Haben Sie sich auch schon einmal ähnliche Fragen gestellt? Angesichts der vielen geflüchteten Menschen mit Kindern weltweit sind diese Themen hochaktuell.

**GUT ZU WISSEN** Resilienz ist mehr als die Anpassung an widrige Verhältnisse, pures Durchstehen oder Überleben. Resilientes Verhalten lässt sich erst erkennen, wenn ein Mensch eine besonders schwierige Situation erstaunlich positiv überwunden hat. Extreme Stresserfahrungen können Herausforderungen darstellen, die Stärken in einem Menschen hervorrufen, die er selbst bis dahin niemals für möglich gehalten hat. Er kann daran wachsen und Potenziale für zukünftige Situationen entwickeln.

Wir Menschen wachsen auch an positiven Stresserfahrungen, wenn wir z. B. eine schwierige Aufgabe gelöst haben, den Gipfel erklommen, uns durchgebissen und unsere bisherigen Grenzen erweitert haben. Diese Erfahrungen von Selbstwirksamkeit stärken unser Ressourcennetzwerk, auf das wir in zukünftigen schwierigen Situationen zurückgreifen können. Widrigkeiten gehören zum Leben und stellen Herausforderungen dar, die weder gut noch schlecht sind – wir können oder müssen sie annehmen wie Schicksalsschläge auch.

In diesem Buch beleuchte ich, was genau Kinder stark macht und wie pädagogische Fachkräfte das im Kita-Alltag umsetzen können, denn: Resilientes Verhalten können wir lernen und das möglichst früh!

Wenn Menschen in der Lage sind, auf positive Ressourcen und Erfahrungen von Selbstwirksamkeit zurückzugreifen und sich mit anderen Menschen vertrauensvoll zu verbinden, tragen sie einen unermesslichen Schatz in sich. Auf diese Sicherheit tief im Inneren zu vertrauen: „Das kann ich schaffen oder überstehen!“, schützt vor Panikreaktionen und ungesunder Ängstlichkeit. Kinder darin zu unterstützen, ihrer Selbstwahrnehmung zu vertrauen, ist ein Schlüssel für innere Sicherheit und Stabilität. Pädagogische Fachkräfte können dazu beitragen, dass die Kita einen sicheren, verlässlichen Ort darstellt, wo diese Erfahrungs- und Lernräume gefördert und möglich werden.

Ein wesentlicher Part besteht darin, mit den eigenen Emotionen umgehen zu lernen, unnötige Ängste von sinnvollen zu unterscheiden und aus einem negativen Ich-Zustand in einen positiven oder neutralen wechseln zu können. Dabei stelle ich Ihnen in diesem Buch einige wirkungsvolle Übungen vor, die Sie für sich und mit Kindern anwenden können. Sie dienen der Affektregulierung, dem Stressabbau und der inneren Stabilisierung, aber auch der Verankerung von positiven Gefühlen und Erfahrungen. Angemessen mit dem eigenen Stress umzugehen, bedeutet, Kindern zu helfen, ihren Stress zu regulieren und einen defizitären in einen ressourcenorientierten Blick umzuwandeln.

Ausführlich werde ich das von Karl Heinz Brisch entwickelte und gut beforschte Präventionsprogramm B.A.S.E.® (Babybeobachtung im Kindergarten und in der Schule) vorstellen. Diesem Programm liegt die Förderung einer sicheren Bindung und das Entwickeln von Empathie und Feinfühligkeit zugrunde, die wichtigsten Bausteine für Resilienz. Ich möchte Sie neugierig darauf machen, wie Sie es in Ihre Einrichtung einbinden oder darauf aufmerksam machen können.

Nutzen Sie also dieses Buch gleich in mehrfacher Hinsicht: Für sich persönlich, beruflich sowie in der Unterstützung der Ihnen anvertrauten Kinder.

## Gut zu wissen

### Resilienz kann erlernt werden

Die Psychologin Emmy E. Werner von der University of California wird oft als die „Mutter der Resilienzforschung" bezeichnet. Ihre berühmte „Kauai-Studie" (vgl. Werner 1992) gilt als zentrale Langzeitstudie über Resilienz und leitete den Perspektivwechsel in der Wissenschaft ein.

1955 begann Emmy E. Werner, gemeinsam mit ihrer Kollegin Ruth S. Smith und einem Team aus Psychologen, Kinderärzten, Krankenschwestern und Sozialarbeitern eine Stichprobe von 700 Kindern zu beobachten, die auf der Hawaii-Insel Kauai zur Welt gekommen waren. Sie prüften deren Entwicklung im Alter von 1, 2, 10, 18, 32 und 40 Jahren. 210 (30 Prozent) wuchsen unter äußerst schwierigen Bedingungen auf, wie Armut, Krankheit der Eltern, Vernachlässigung, Scheidung und Misshandlung. Der Fokus des Teams lag auf diesen 30 Prozent. Zwei Drittel der Kinder zeigten im Alter von 10 und 18 Jahren Verhaltensauffälligkeiten, doch ein Drittel der 210 Risikokinder entwickelte sich erstaunlich positiv. Diese zeigten zu keinem Untersuchungszeitpunkt Verhaltensauffälligkeiten und waren erfolgreich in der Schule, gründeten eine Familie, waren im sozialen Leben eingebunden und setzten sich realistische Ziele. Im Alter von 40 war keiner aus der Gruppe arbeitslos, niemand mit dem Gesetz in Konflikt geraten und auf die Unterstützung von sozialen Einrichtungen angewiesen. Individuelle Eigenschaften spielten dabei eine Rolle:

- Sie hatten ein meist „ruhiges" Temperament.
- Sie waren weniger leicht erregbar.
- Sie hatten die Fähigkeit, offen auf andere zuzugehen und sich damit Quellen der Unterstützung selbst zu erschließen.
- Sie hatten oft ein spezielles Talent, für das sie die Anerkennung von Gleichaltrigen bekamen.

- Sie haben schon früh Verantwortung übernommen/übertragen bekommen.

## Die Bedeutung der Forschungsergebnisse

Seit der Kauai-Langzeit-Studie wird die Resilienzförderung forciert und die wesentlichen Schutzfaktoren resilienter Kinder werden eindeutig beschrieben (vgl. Welter-Enderlin 2012):

- Stabile, emotionale Beziehungen
- Menschen, die als soziale Modelle fungieren
- Frühe Leistungsanforderungen
- Verantwortung

Resiliente Kinder verfügen über Schutzfaktoren, welche die negativen Auswirkungen widriger Umstände abmildern. In stabilen emotionalen Beziehungen zu Vertrauenspersonen oder außerhalb der eventuell zerrütteten Familie finden sie Halt. Großeltern, Nachbarn, Erzieher, Lehrer oder Geschwister bieten vernachlässigten Kindern einen Zufluchtsort und geben ihnen Bestätigung, etwas wert zu sein. Diese Menschen fungieren als soziale Modelle, die dem Kind zeigen, wie es Probleme konstruktiv lösen kann.

Der Gehirnforscher Gerald Hüther hebt hervor, dass es für die Ausbildung von positiven Repräsentanzen (inneren Vorstellungen) als Grundlage für eine gute Bindung bereits ausreichen kann, wenn ein Kind einem Menschen begegnet, der es bedingungslos annimmt (vgl. Saalfrank 2012).

Sie können Kindern so ein Modell sein und dazu beitragen, wie in Ihrer Kita Resilienz aufgebaut, entwickelt und nachhaltig gefördert werden kann.

### Was sind Schutz- und Risikofaktoren?

Unter **Schutzfaktoren** verstehen wir bestimmte Merkmale, die eine positive Entwicklung der Kinder unterstützen.

Dazu gehören vor allem eine sichere Bindung zu Bezugspersonen. Sichere Bindung bedeutet, dass man sich einem anderen Menschen anvertrauen und sich mit ihm innerlich auch dann noch verbunden fühlen kann, wenn er nicht anwesend ist. Es hat sich herausgestellt, dass Kinder, die unter schwierigen Verhältnissen groß werden, auch mit sequenziellen guten Bindungserfahrungen eine positive Repräsentanz von einer „guten Mutter" oder einem „guten Vater" bilden können. Selbst einmalige Erfahrungen von Angenommensein und Geliebtwerden können einen tragfähigen Halt geben.

Aktive Bewältigungserfahrungen, wie: „Das habe ich schon einmal geschafft!", geben Kindern Selbstsicherheit sowie Erfahrungen von Selbstwirksamkeit. Dazu gehört auch, jemanden um Hilfe zu bitten und dass diese Person darauf angemessen und prompt reagiert. Zu Selbstwirksamkeit zählt auch, sich Freunde zu schaffen und Freundschaften zu pflegen. Mit einem positiven Selbstwertgefühl gehen Kinder leichter auf neue Herausforderungen zu und gewinnen Flexibilität. Kognitive Kompetenzen ermöglichen Spaß am Erlernen neuer Fertigkeiten und leichteres Lernen.

Kinder durch Bildung zu fördern, ist ein wesentlicher Schutzfaktor. Dabei gilt: Kinder lernen am Modell. Sind sie begeistert von einem Thema, springt der Funke über: Das möchte ich auch einmal können! So entwickeln sich realistische Ziele für die eigene Zukunft.

Hier bin ich auch schon bei den sozialen Ressourcen als Schutzfaktoren. Menschen fungieren inner- und außerfamiliär als soziale Modelle. Kinder nehmen sehr fein wahr, wie sich Menschen in ihrem Umfeld verhalten. Aber auch Tiere können einen wesentlichen Schutzfaktor bilden, ihnen vertrauen Kinder ihre Sorgen, Geheimnisse und Nöte

an. Sie schenken ungeteilte Aufmerksamkeit und sind sehr direkt im Ausdruck ihrer Gefühle. Sie erspüren schnell die Gefühlslage des Menschen und geben Trost durch Nähe und Zuwendung.
Das Draußensein in der Natur kann ein weiterer Schutzfaktor sein. Kinder erfahren in einer Umgebung mit vielfältigen Wahrnehmungsmöglichkeiten, wie z. B. im Wald, auf der Wiese, in der Natur allgemein, ein Mehrfaches an Sinnesstimulation und Erleben, als drinnen in Wohn- oder Kitaräumen (siehe „Naturerlebnisse" S. 23 ff.).

Was sind nun die **Risikofaktoren,** welche die Entwicklung des Kindes entscheidend beeinträchtigen können? Natürlich gehören biologische Risiken dazu, angefangen von Komplikationen in der Schwangerschaft und während der Geburt sowie Substanzmissbrauch der Mutter während der Schwangerschaft, schwere Erkrankungen und Krankenhausaufenthalte, durch die das Baby/Kleinkind von den Bindungspersonen getrennt ist.
Zu den Risikofaktoren zählt vor allem eine unsichere Bindung zu den Bezugspersonen, auf die das Kind angewiesen ist und sich verlassen müsste, die aber keinen sicheren Hafen bieten. Frühe Stresserfahrungen haben negative Auswirkungen auf die spätere Stressregulation. Psychosoziale Risiken, wie Vernachlässigung und Armut, gelten als gravierende Risikofaktoren für die kindliche Entwicklung wie auch traumatische Erlebnisse, wie körperliche Misshandlung, Miterleben von häuslicher Gewalt und sexueller Missbrauch.

**GUT ZU WISSEN** Frühe traumatische Erfahrungen sind Risikofaktoren, die zu einer nachfolgenden Psychopathologie führen und gravierende Lebensrisiken zur Folge haben können, sogar bis hin zu einem vorzeitigen Tod, wie in einer breit angelegten Studie in den USA nachgewiesen wurde (vgl. Fellitti/Anda 1998).

Besonders bedeutsam sind die Konsequenzen wiederholter früher Stresserfahrungen für die Gehirnentwicklung des Kleinkindes. In seinem Kaskadenmodell stellt Martin H. Teicher diese Auswirkungen dar, indem er bestimmte sensible Phasen, in denen das Gehirn besonders anfällig und verwundbar ist, wenn es schädigenden Erfahrungen ausgesetzt wird, aufzeigt. Diese aktivieren die Stress-Reaktionssysteme und verändern sie in ihrer molekularen Organisation grundlegend. Das hat negative Auswirkungen auf die Gehirnentwicklung, Affektregulation und Impulskontrolle. Daraus resultieren neuropsychiatrische Konsequenzen und Verwundbarkeiten (Vulnerabilitäten), die zu einem erhöhten Risiko in Bezug auf Depressionen, Angststörungen, posttraumatischen Belastungsstörungen, Borderline-Persönlichkeitsstörungen, dissozialen Persönlichkeitsstörungen, Drogenmissbrauch und Alkoholismus führen können (vgl. Teicher 2011).

Die betroffenen Kinder haben kein „ruhiges Gemüt“, sie leben mit einem erhöhten Stresspegel, können sich schlechter selbst regulieren und beruhigen. Sie brauchen feinfühlige Erwachsene, die ihnen dabei helfen und sie koregulieren. Das ist die schlechte Nachricht – aber …

### Resilienz kann man lernen

Die amerikanische Psychologenvereinigung APA schickt speziell geschulte Psychologen in Grundschulen, um mit Kindern zu erarbeiten, wie sie mit unvermeidbaren Widrigkeiten des Lebens am besten fertigwerden. Sie trainieren die Kinder in resilientem Verhalten mit diesen Aufgaben:

- Suche dir einen Freund und sei einem anderen ein Freund.
- Fühle dich für dein Verhalten verantwortlich.
- Glaube an dich.

Das Programm geht über herkömmliches Kompetenztraining hinaus und beinhaltet Themen, wie mit Stresssituationen, Konflikten, Schikanen und Schicksalsschlägen umzugehen ist. Auch schwerwiegende Probleme, wie häusliche Konflikte, Vernachlässigung, sexueller Missbrauch, werden thematisiert und Hilfen angeboten (vgl. Nuber 2005).

In der Sudbrackschule/Bielefeld gibt es seit 2016/2017 das „Schulfach Glück". Die Grundschüler lernen, wie sie gemeinsam mit den Widrigkeiten des Lebens und Herausforderungen umgehen können. So werden ihre Ressourcen und sozialen Kompetenzen gestärkt. Der Fokus liegt darauf, eher die Stärken bei sich zu erkennen und an sich zu glauben, als an seinen Schwächen zu verzweifeln. Die Schule setzt um, was bei vielem gilt: Früh übt sich!

**GUT ZU WISSEN** Die Grundidee des Entwicklungskonzeptes „Glück" basiert auf der „Erklärung der Rechte des Kindes" der Vereinten Nationen (1959). Danach schuldet die Menschheit dem Kind ihr Bestes, damit es eine glückliche Kindheit hat.

Übernehmen Sie diese Erfahrungen aus den Schulen für Ihre Arbeit in der Kita. Denn Resilienz kann man lernen und das schon möglichst früh. Warum? Resiliente Verhaltensweisen gelten als wirkungsvolle Schutzfaktoren gegen delinquentes und gewalttätiges Verhalten.

# Die Bedeutung für die kindliche Entwicklung

## Viele Wege führen zur Resilienz

Es gibt bereits einen bunten Fächer von erprobten Ansätzen und Umsetzungen von Resilienz fördernden Projekten in der Kita, einige davon möchte ich Ihnen vorstellen. Die Entstehung von Resilienz ist ein Wachstumsprozess. Viele Wege führen zur Resilienz. Aber dabei sollten immer diese vier Bausteine beachtet werden:

- Bindung
- Bildung
- Selbstwirksamkeit
- Gute Erfahrungen

### Bindung

Bindung ist das Fundament der Persönlichkeit. Eine sichere Bindung bietet den besten Schutz bei Belastungen und stellt ein breites, solides Fundament dar.
Der führende Bindungsforscher Deutschlands, Prof. Dr. med. Karl Heinz Brisch, stellt die Bedeutung der Verbesserung der frühkindlichen Betreuung in direkten Zusammenhang mit dem Ziel, unsere Kinder dabei zu unterstützen, ihre geistigen Möglichkeiten vollends auszuschöpfen und sie in der Entwicklung ihrer sozialen Kompetenz bestmöglich zu stärken. Dazu sollte keine Mühe gescheut werden. Es gibt keine bessere Investition in die Zukunft eines Menschen, als ihm vor allem in seinen ersten drei Lebensjahren so viel „Aufmerksamkeit, Feinfühligkeit und Liebe“ wie möglich entgegenzubringen (vgl. Brisch 2016, S. 54–61). Als Konsequenz bedeutet dies für Eltern, Betreuungspersonen und pädagogische Fachkräfte, möglichst

prompt und feinfühlig auf die Signale und Bedürfnisse von Kleinkindern einzugehen. Nur so kann das Gefühl von emotionaler Sicherheit und Geborgenheit entstehen und sich zu Urvertrauen oder einer „sicheren Bindung", wie Forscher es nennen, verankern.

---

Die sichere Bindung ist die wichtigste Ressource eines Menschen. Sie befähigt, in schwierigen Lebensphasen ruhig zu bleiben, an sich zu glauben, empathisch auf andere einzugehen, und bewahrt vor seelischen wie körperlichen Krankheiten.

---

Besonders die ersten Lebensmonate entscheiden, welche Bindung das Baby zu den Eltern entwickelt – Babys sind auf Bindung ausgerichtet. Das Gefühl der sicheren Bindung entwickelt sich im Laufe des ersten Lebensjahres und stabilisiert sich dann im zweiten Lebensjahr. Schon ein- bis zweijährige Kinder können auf dieses Gefühl zurückgreifen, z. B. bei kurzer Trennung von ihrer Mutter, ohne Angst zu bekommen. Sie vertrauen darauf, dass sie zurückkommt. Das Gefühl der sicheren Bindung muss bei ihnen abgespeichert sein, damit sie sich an ihre Mutter erinnern können, um die Trennungszeit zu überstehen und nicht in Panik zu geraten.

**Was bedeutet das für die U3-Betreuung in Kitas?**

Bezugnehmend auf die Erkenntnisse von Karl Heinz Brisch, ist es wünschenswert, dass alle Eltern die Chance haben (und sie auch nutzen), im ersten Lebensjahr eine sichere Bindung zu ihrem Baby aufbauen zu können, indem sie feinfühlig und verlässlich auf die Bedürfnisse ihres Kindes eingehen. Falls ein wenige Wochen alter Säugling ganztägig in die Fremdbetreuung gegeben wird, ist die Wahrscheinlichkeit hoch, dass er sich eher an die Pflegeperson bindet und diese die wichtigste Bindungsperson wird, wenn sie genügend feinfühligen

Kontakt zu ihm aufbauen kann. Dabei ist entscheidend, ob diese auch verlässlich die Bedürfnisse des Säuglings befriedigt.

### Feinfühligkeit bei der Eingewöhnung

Feinfühligkeit zeigt sich in Verhalten, Sprache, Rhythmus, Blickkontakt und Berührung, kurz gesagt darin, wie ich auf das Kind eingehe. Ein Blick in den Kita-Alltag zeigt, dass die Betreuungsrelation vielfach unzureichend ist. Dabei ist die Studienlage eindeutig: Eine Erzieherin kann sich maximal um drei Kinder unter drei Jahren angemessen kümmern (vgl. Ihle/Esser 2007, S. 260). Das bedeutet, sie kann diese füttern, wickeln, nach ihnen schauen, emotionalen Kontakt aufbauen und, wenn sie weinen, sie trösten und herausfinden, was der Grund des Unwohlgefühls ist. Das ist schon eine Leistung.

Die Eingewöhnung in die Kita ist von zentraler Bedeutung für den behutsamen Aufbau einer vertrauensvollen Bindung zu der Bezugserzieherin. Sie muss mit den Eltern achtsam mit genügend Zeit gestaltet werden. Ein Schlüssel für den Aufbau einer vertrauensvollen Bindung ist sicher die Feinfühligkeit der Bezugserzieherin wie auch ein freundlicher Kontakt zu den Eltern. Das braucht Zeit, Kontinuität und Verbindlichkeit. Das Kind muss sicher sein, vielfältige Erfahrungen machen zu können, auf die die Betreuungsperson feinfühlig und prompt eingeht, die Bedürfnisse erkennt und sie befriedigt – natürlich dem Alter und der Persönlichkeit des Kindes angemessen. Nichts ist schlimmer für ein Kind als das Gefühl, nicht gesehen und wahrgenommen zu werden. Hat es einen sicheren Hafen in der Gruppe gefunden, eine Bezugsperson, bei der es die Erfahrung von Geborgenheit und Angenommensein gemacht hat, kann es seinem Aktionssystem Neugierde folgen. Exploration springt an, wenn eine sichere Bindung vorhanden ist. Auch darin liegt ein Schlüssel für das Gelingen und Gut-Ankommen in der Kita-Gruppe.

**GUT ZU WISSEN** Durch Angst und Trennung wird das Bindungsbedürfnis aktiviert, durch körperliche Nähe zu einer Bindungsperson wird es wieder beruhigt, dabei muss nicht die leibliche Mutter oder der Vater die Bindungsperson sein!

### Spielkameraden und erste Freundschaften

Wie wichtig Spielkameraden und erste Freundschaften für den Menschen sind, hat der Bindungsforscher John Bowlby in seinen Untersuchungen festgestellt. Emotionale Bindungen an einen anderen Menschen sind der Dreh- und Angelpunkt im Leben, nicht nur in der Säuglingszeit oder im Kita-Alter, sondern auch in der Jugend sowie im Erwachsenenleben bis ins hohe Alter hinein. Aus diesen emotionalen Bindungen ist der Mensch in der Lage, Kraft und Lebenszufriedenheit zu schöpfen, und er kann hieraus auch wieder anderen Menschen Kraft und Lebensfreude schenken (vgl. Bowlby 1980).

Eine große Rolle für das Entwickeln von emotionaler Bindung und von sozialen Banden kommt dem gemeinsamen Spielen zu. Regeln und Grenzen gilt, es spielerisch auszuhandeln und auf die Wünsche anderer einzugehen. Dazu gehört auch, auf Spielkameraden Rücksicht zu nehmen, die schwächer sind. Kinder in integrativen Kitas lernen dies von Anfang an: gemeinsames Lernen in Diversität – was und wie können wir zusammenspielen, was geht nicht und worauf nehme ich Rücksicht? Was kann ich von meinem Gegenüber lernen, was es richtig gut kann? Dazu gehört ebenso, zu akzeptieren, wenn manche Kinder lieber für sich spielen, z. B. puzzeln, Bügelperlen setzen oder Bücher anschauen. Das ist oft eine Form der Konzentration und des In-sich-Versinkens, bei dem Ablenkung stört. Dies ist von den Betreuenden wahrzunehmen und zu unterstützen. In Ruhe und voller

Tiefe sich etwas im Spiel zu widmen, die Welt um sich herum zu vergessen, ist eine Fähigkeit.
Durch Freundschaften entstehen wichtige Bindungen auch außerhalb der Familie. Es macht einfach mehr Spaß, mit einem Kind in der Kita zu spielen, das man mag, auf das man sich freut und mit dem man sich auch noch am Nachmittag verabreden kann. Nebenbei lernen Kinder auch andere Familien und deren Gepflogenheiten kennen. Je älter sie werden, desto prägender werden Einzelpersonen und Systeme außerhalb der Familie. In der Therapie höre ich oft, wie wichtig andere Erwachsene, wie die Mutter, der Vater oder die Großeltern von Freunden, für meine Patienten waren – dort erleben sie ein anderes Familienleben, z. B. wie gehen Mutter und Vater miteinander um? Gibt es eine Umarmung und ein Küsschen beim Nachhausekommen? Gibt es Streit? Wie werden Konflikte und Probleme angesprochen? Kinder finden die Vorbilder für ihr zukünftiges Leben schon sehr früh.

Bei der Bildung von emotionalen Bindungen haben Haustiere einen hohen Stellenwert für Kinder: gerade ein Hund und eine Katze, aber auch das Meerschweinchen und der Hase. Diese Tiere besitzen eine feine Sensorik, die Gefühle und Stimmungen von uns Menschen zu erspüren. Tiere sind eindeutig, nicht berechnend und prompt. Sie zeigen, was sie brauchen, und geben ungeteilte Aufmerksamkeit. Sie erspüren auch oft, was ihr Mensch gerade braucht, und schenken Zuneigung, Nähe und Sanftmut. Viele meiner Patienten berichten, dass allein ihr Tier sie in schlimmen Zeiten verstanden habe, ohne Worte, ihnen Trost und Liebe gespendet habe. Inzwischen werden speziell Hunde zu Therapietieren ausgebildet. Sie spüren sofort, wann ihr Mensch in Not gerät, und holen beispielsweise die Notfallmedikation und betätigen nachts den Lichtschalter, wenn ihr Mensch von Ängsten und Albträumen geplagt wird.

Das Streicheln der Tiere beruhigt uns. Wir lernen, uns feinfühlig zu verhalten, wenn wir uns Tieren nähern. Denn bei hektischem Verhalten reagieren Tiere mit Flucht oder Kampf. Schon diese Verlangsamung im Tempo reguliert uns ebenfalls runter in unserer Hektik. Ein Hund, der merkt, dass sein Mensch sich dringend bewegen will, geht freudig darauf ein und bringt bestenfalls die Leine. Rupert Sheldrake hat etliche Untersuchungen gemacht und vielfach die Synchronizität von Menschen und Tieren dokumentiert. Dies zeigt er insbesondere mit Beispielen von eng an ihre Menschen gebundenen Haustieren, wie Hunden und Katzen (vgl. Shaldrake 2012).

Für den Kita-Alltag kann das bedeuten, dass Kinder ihre Haustiere regelmäßig mitbringen und sie den anderen vorstellen können. Die kleinen Tierexperten wissen schon eine Menge über ihr Tier: wie es gefüttert und gepflegt wird, welche Berührungen es mag und welche nicht. So erfahren die anderen Kinder unmittelbar im Erleben, was es bedeutet, Verantwortung für ein Tier zu haben, und wie es sich anfühlt, es zu streicheln. Hierbei müssen selbstverständlich Allergien anderer Kinder berücksichtigt werden. Auch sollten die Besitzer darauf achten, wie das Tier reagiert, damit es nicht unter Stress gerät.
Positive Erfahrungen in Kitas zeigen, dass z. B. die tägliche Anwesenheit eines Therapiehundes sich in jeglicher Hinsicht vorteilhaft auf die Kinder auswirken würde.
Eine weitere gute Möglichkeit ist, wenn der Förderverein der Kita eine Patenschaft für z. B. ein Schaf übernimmt. Manche Tierparks bieten für sämtliche ihrer Tiere eine Patenschaft an. Damit wird einerseits der Tierpark unterstützt, andererseits eine besondere Beziehung zu dem jeweiligen Tier hergestellt. Das Paten-Tier wird regelmäßig besucht und ein Highlight kann für alle das Wolle-Scheren sein. Die Wolle lässt sich in der Kita vielfältig weiterverarbeiten.

### Das Präventionsprojekt B.A.S.E.®

Feinfühligkeit und Empathie lernen wir in der Interaktion. Einzelkinder profitieren von der Gemeinschaft in der Kita. Sie schauen sich ab, wie die pädagogischen Fachkräfte mit den Bedürfnissen und Emotionen der anderen Kinder umgehen, und können so die Dimension „Was brauchst du und was kann ich dafür tun?" entwickeln. Auch erfahren sie, wie andere, ältere Geschwisterkinder stolz und umsichtig ihr jüngeres Schwesterchen oder Brüderchen miteinbeziehen. Diese Form von Würdigung des Jüngeren kann zum Vorbild werden.

Bereits in den 1980er-Jahren hat der Aggressionsforscher Henri Parens in Philadelphia/USA Studien zur Vorbeugung von aggressiven Verhaltensstörungen bei Kita-Kindern durchgeführt. Auf dem Hintergrund dieser Erfahrungen hat Karl Heinz Brisch das Präventionsprojekt B.A.S.E.®-Babywatching entwickelt. Hierbei geht es um die Babybeobachtung in Kita und Schule zur Förderung von Feinfühligkeit und Empathie, als Prävention gegen Angst und Aggression.

▶ *Eine Mutter kommt mit einem wenige Wochen alten Baby für die Dauer von einem Jahr einmal in der Woche in die Kita-Gruppe oder in die Schulklasse. Im Stuhlkreis erleben die Kinder, wie das Baby von Woche zu Woche wächst, bis es frei laufen kann. Unter der speziellen Anleitung und Fragetechnik der B.A.S.E.®-Gruppenleiterin lernen sie durch die wöchentliche Interaktions-Beobachtung, sich in die Emotionen und die Interaktion von Mutter und Kind einzufühlen. Für viele Einzelkinder ist dies die erste und oft einzige Möglichkeit, die Meilensteine der Entwicklung eines Babys während des gesamten ersten Lebensjahres kontinuierlich zu beobachten. Die Gruppenleiterin fragt z. B. die Kinder im Stuhlkreis, ob sie eine Idee haben, was das Baby gerade brauchen könnte und woran sie das bemerkt hätten. So lernen Kinder, genau wahrzunehmen, welche Bedürfnisse das Baby hat und wie die Mutter feinfühlig darauf eingeht. Es ist faszinierend, wie konzentriert und aufmerksam die Kinder während des Besuchs von Mutter und Baby sind. Einige führen sogar eine Art von Nachbeelterung durch und fühlen sich in die Rolle der Eltern hinein, als seien sie selbst welche (vgl. Bauer 2005).* ◀

Begleitende Forschungsergebnisse zeigen, dass auf diese Weise die Empathie-Fähigkeit der Kinder gefördert wird. Sie beginnen, die Fähigkeit auf alltägliche Situationen mit ihren Freunden zu übertragen, indem sie sich feinfühliger, sozialer sowie weniger ängstlich und weniger aggressiv untereinander verhalten.

**TIPP** B.A.S.E.® kann auch in Ihrer Kita angeboten werden! Dazu wäre es nur notwendig, dass die pädagogischen Fachkräfte sich in dem Programm schulen lassen. Mütter mit Baby finden sich bestimmt in der Elternschaft. Fragen Sie sie, ob sie bereit sind, mitzuwirken.

## Bildung

Unter dem Begriff Bildung sei hier ein jeder Prozess verstanden, der es uns erlaubt, die eigenen Fähigkeiten zu entwickeln. Schöpferkraft, Kreativität kann uns helfen, dem Schweren des Lebens zu begegnen.

### Musik

Für den Neurobiologen Prof. Dr. Gerald Hüther ist Singen „Kraftfutter" für Kindergehirne. Er geht davon aus, dass, indem Kinder gleichzeitig mit sich, mit anderen Menschen und dem, was sie umgibt, in Beziehung treten, sie auch in ihrem Gehirn Beziehungen zwischen den dabei gleichzeitig aktivierten neuronalen Netzwerken herstellen und dadurch das Ausmaß an Konnektivität erhöhen. Die Gelegenheiten, bei denen Kindern das gelingt, sind Sternstunden für ihre Gehirne. Leider werden sie in einer von Effizienzdenken, Reizüberflutung, Verunsicherung und Anstrengung geprägten Lebenswelt immer seltener. Im gemeinsamen, unbekümmerten und nicht auf das Erreichen eines bestimmten Zieles ausgerichteten Singen erleben Kinder solche Sternstunden. Sie sind Balsam für ihre Seele und Kraftfutter für ihr

Gehirn. Deshalb kann auch die eigene Stimme und die Fähigkeit, zu singen, für Kinder eine bedeutungsvolle Ressource sein, die es auszuschöpfen gilt (vgl. Hüther 2007).

**GUT ZU WISSEN** Wer singt und pfeift, damit bewusst mit seiner Atmung umgeht, hat ein wirkungsvolles Zaubermittel gegen Angst. Haben wir Angst, atmen wir nur kurz und knapp bis oberhalb des Brustkorbs oder halten den Atem an (daher die Redewendung „Mir stockt der Atem."). Dagegen füllen wir beim Singen unseren gesamten Brust- und Bauchraum mit Atemluft und machen uns dabei zugleich Mut. Singen ermöglicht, aus einem negativen Ich-Zustand in einen neutralen oder positiven Ich-Zustand zu wechseln.

Musik ist wie eine zweite Muttersprache. Mithilfe von Musik können wir uns beruhigen, Liebe, Trauer, Schmerz, Wut und Ärger Ausdruck geben und vor Lebensfreude tanzen. Zu den Transfereffekten von Musik gehören auch ihre heilenden Potenziale. Zahlreiche Forschungen belegen, dass beim Hören von als wohltuend empfundener Musik das Antistresshormon Oxytocin ausgeschüttet wird und die Zusammenarbeit beider Gehirnhälften durch Musizieren stimuliert wird, weil sie deren Informationsaustausch fördert und fordert.

Musiktherapeuten nutzen diese nonverbale Kommunikationsebene, um gerade mit Kindern in Kontakt zu treten. So öffnet sich auf der nonverbalen Ebene ein neuer Weg für die Kinder, sich auszudrücken und emotionale, affektive Erfahrungen zu machen. Auf diese Weise kann es dann auch den Kindern gelingen, Nähe und Distanz zum Gegenüber selbst auszuloten und zu bestimmen. Folgend finden Sie drei beispielhafte Programme für Kita-Kinder:

- ***MiMuLe – Mit Musik ins Leben:*** *Das Unterrichtskonzept ist eine Musikschule für Babys ab sechs Monate bis vier Jahre. Die Konzertsängerin* *und Musikpädagogin Birgitta Schork-Möller konzipierte dieses Angebot und bietet es wöchentlich in 13 Gruppen mit jeweils fünf bis acht Babys/Kindern in Aachen an. Die Kinder kommen mit Bezugspersonen zu dem Angebot und singen, musizieren und tanzen gemeinsam. Der Grundgedanke des Angebotes ist, dass Musik für die Bildung des Gehörs sowie die Entwicklung der Sprachfähigkeit von herausragender Bedeutung ist. Babys/Kinder in dieser einzigartigen Phase mit Musik in Berührung zu bringen, bietet unendliche Chancen für die Persönlichkeitsbildung und die emotionale Entwicklung von Seele, Körper und Geist. Das Hören der Singstimme der Bezugspersonen, das singende Nachbrabbeln von Liedern und Reimen führen zur intensiven Vernetzung der Gehirnzellen. Dieses natürliche Erleben von Musik wird als zweite Muttersprache empfunden und als solche vom Gehirn erkannt.* ◀

▶ ***Der Musikkindergarten Berlin – Ein Leuchtturmprojekt:*** *Er wurde auf Initiative des Generalmusikdirektors der Staatsoper Berlin, Sir Daniel Barenboim, 2005 in Berlin gegründet. Seine Konzeption wurde bereits in Hamburg und Weimar aufgenommen. Die Leitlinie des Musikkindergartens ist: Nicht die Musikerziehung, sondern die Erziehung der Kinder durch die Musik ist die Maxime! Mithilfe bestmöglicher musikalischer Vorbilder, z. B. kommen regelmäßig Musiker der Staatskapelle ehrenamtlich in den Kindergarten und musizieren mit den Kindern und Erzieherinnen, werden gemeinsam kleine Musikprojekte und Aufführungen entwickelt und durchgeführt. Nicht jede Kita hat vielleicht die Möglichkeit, einen tragfähigen Kontakt zu einem Stadttheater oder Opernhaus aufzubauen. In jedem Dorf und Städtchen gibt es aber Chöre und Menschen, die gut und gern singen und die gern ehrenamtlich in die Kita kommen würden. So könnte es auch ein solches Angebot in Ihrer Kita geben!* ◀

▶ ***Klangkiesel:*** *Vor ungefähr zehn Jahren wurde bei den jährlichen Lindauer Psychotherapiewochen ein faszinierendes Seminar angeboten: SteinZeit. Der Dozent, Dipl. Psych. Andreas Schick, brachte uns das Konzept der Kieselschule nahe, noch immer habe ich meine dort benutzten Klangkiesel. Im Unterschied zu den in der musikalischen Früherziehung sonst üblichen Rhythmus-Instrumenten suchen sich die Kinder ihre Instrumente – in dem Fall Kieselsteine – selbst in der Natur und behalten sie. Jeder Stein ist einzigartig in*

*Klang, Farbe und Form. So entsteht ein hoher Bezug des Kindes zu seinem „Instrument". Gleichzeitig wird die Bedeutung von einem Stein zu einem Musikinstrument hin verändert. Spielerisch lernen Kinder, Rhythmen zu erkennen, sie nachzuklopfen, selbst einen kleinen Rhythmus zu erfinden, den ein anderes Kind wiederholt und in den die ganze Gruppe dann einstimmt. Dabei sind sie sehr konzentriert und fokussiert. Dieses gemeinsame Klopfen fördert in vielfältiger Weise emotionale, kognitive und soziale Kompetenzen, das Autonomiestreben und dient der Selbstregulation. Es kann zu einer Beruhigungsstrategie werden und eignet sich insofern als gewaltpräventive Maßnahme, weil die Kinder mit musikalischen Mitteln prosoziales Verhalten lernen und problematisches Verhalten verlernen können (vgl. Fressmann/ Kniel/Schick/Cierpa 2007).* ◀

### Naturerlebnisse

Auch das Erleben der Natur stellt eine wesentliche Form der Bildung von Resilienz dar.

Die Natur ist eine Quelle der Inspiration; sie bietet der Fantasie ein unerschöpfliches Füllhorn, mit allen Sinnen zu spielen, zu träumen und auszuprobieren. In der Natur wird die Kreativität um ein Vielfaches angeregt, anders als in den gewohnten vier Wänden. Wer kennt es nicht, das Gefühl, das sich unmittelbar einstellt, wenn wir einen Wald betreten: Alles ist anders – die Temperatur, das Licht, die Geräusche und der Duft des Waldes. Stressige Gedanken und Gefühle lösen sich auf und unsere Sinneseindrücke werden geschärft – wir werden aufmerksamer und fokussieren uns auf die Natur. Hier erspüren wir den großen Organismus Wald (vgl. Wohlleben 2015). Ähnliche positive Wirkung hat der Aufenthalt in Küstenlandschaften – denken Sie doch nur an einen Strandspaziergang. Nur, welche Kita kann schon regelmäßige Ausflüge an den Küstenstrand machen? Es können auch Grünflächen sein, unbebautes Land mit natürlicher Vegetation einschließlich Parks und natürlich Gärten.

In über 140 Studien wird mittlerweile die beruhigende, heilende Auswirkung eines Waldspaziergangs auf unseren Organismus belegt, u. a.

beschreibt dies Maren Urner (vgl. Urner 2018). Seit 1982 gilt das „Waldbaden" in Japan als Therapieform und wird inzwischen nicht nur dort verordnet. Inspiriert durch schintoistische und buddhistische Praktiken der Achtsamkeit, regt ein Waldspaziergang alle fünf Sinne an. Gleichzeitig sinken der Blutdruck und Puls, wir stehen weniger unter Stress (im Speichel wird weniger das Stresshormon Cortisol nachgewiesen) – man ist weniger beunruhigt, unsicher, angespannt und bekommt ein angenehmes Körpergefühl. Das hat wiederum Auswirkungen auf unser Immunsystem: Wir entwickeln eine höhere Abwehr gegen Infektionen und erhöhen die Anzahl der natürlichen Killerzellen. Das spricht für eine regelmäßige „Dosis Wald"!

**TIPP** Richten Sie wöchentlich einen regelmäßigen Wald-/Parktag in Ihrer Kita ein!

Im Wald lernen Kinder mit allen Sinnen erfahrend. Sie können ihre Lieblings-Spielfigur mit in den Wald nehmen und sie dort spielen lassen. Die Jahreszeiten können direkt erfahren und erfühlt werden, Naturmaterialien gesammelt und kreativ verarbeitet werden. Dabei können z. B. Zweige für einen Stöckchentanz oder Steine für die Kieselschule (s. o.) gesammelt werden. Wie unterscheidet sich ein Laub- von einem Nadelbaum und wie verändert sich das Blätterdach im Jahreszeitenrhythmus? Aus Kastanien, Eicheln, Bucheckern, Haselnüssen und Walnüssen lassen sich mit etwas Glück Sprösslinge ziehen und ihr Wachstum beobachten.

### Künstlerisches Gestalten

Unsere Schöpferkraft kann uns helfen, den Schweren des Lebens zu begegnen.

Ich möchte Ihnen die Malerin und Bildhauerin Niki de Saint Phalle (1930–2003) vorstellen, die insbesondere durch ihre bunten Frauenskulpturen, die Nanas, berühmt wurde. Nikis künstlerische Bewältigungsanstrengungen stehen im Zusammenhang mit dem Missbrauch durch ihren Vater. In ihrem Filmprojekt „Daddy" hat Niki de Saint Phalle den Missbrauch mit künstlerischen Mitteln bearbeitet. So entstand auch die Druckgrafik der „Baum des Lebens". Nirgendwo habe ich Risiko- und Schutzfaktoren besser dargestellt gefunden. Das Bild verdeutlicht das Nebeneinander von erlebter Tragödie, Verrat und Ungerechtigkeit des kleinen Mädchens mit schwarzgrauen Herzblättern und Tränen und ihrer ressourcenvollen Seite mit der Lust zu leben, der Kunst und Schönheit, der Natur, der Sonne und positiven Ich-Zuständen, wie ich es als Therapeutin bezeichne.

Künstlerisches Gestalten ist eine Form, den Gefühlen einen Ausdruck zu geben, eine effektive Methode der Selbstregulation. Folgend finden Sie drei Angebote, mit denen Sie mit Kita-Kindern unterschiedliche Gefühle künstlerisch erleben und darstellen können:

▶ ***Gefühlszettel:*** *Legen Sie morgens kleine Blätter in Merkzettelformat und Buntstifte bereit. Jedes Kind, das in seiner Gruppe ankommt, wird gebeten, eine Stiftfarbe zu wählen, wie es sich gerade fühlt, und auf den Zettel zu malen: Welche Farbe passt jetzt gerade zu dir? Ist dein Gefühl eher rund oder eckig, wie ein Strich oder Krickelkrakel? Auch kleine Kinder können so für sich entdecken, dass sie ihre aktuellen Gefühle ausdrücken und sich von ihnen im wörtlichen Sinn distanzieren können – den Zettel einfach an die Wand kleben. Wichtig dabei ist, nichts zu bewerten – es geht nicht um schönes Malen, sondern darum, den gegenwärtigen Ausdruck des Gefühls, des inneren Erlebens, auf Papier zu bannen.* ◀

▶ ***Farbbad:*** *Jedes Kind wählt seine Lieblingsfarbe von heute und „badet" darin, d. h., es bewegt viel und kräftig einen farbigen Pinsel oder Stift auf dem Papier, als bade oder wälze es sich in der Farbe. Sie können dabei fragen, wie es sich anfühlt, in der Lieblingsfarbe zu baden, und wo die Kinder das in ihrem Körper fühlen.* ◀

▶ ***Gefühlsmonster:*** *Auch Gefühle, wie Traurigsein, Ärgerlichsein oder Wütendsein, sollen ihren Raum und Ausdruck im Kita-Alltag finden. Dabei ist es wichtig, Formen und Umsetzungsmöglichkeiten zu kultivieren, in denen die Kinder angemessen und ohne negativen Einfluss auf andere diese Gefühle zum Ausdruck bringen können. Stellen Sie z. B. kleine Figuren aus Papier oder anderen Materialien mit den Kindern her. Jedes Kind kann mit seinem selbst gestalteten Gefühlsmonster negative Gefühle zum Ausdruck bringen, wenn es ihm danach ist. Sprechen Sie mit den Kindern über die Stimmung ihres Gefühlsmonsters.* ◀

### Die Weisheit der Märchen, Mythen und Sagen

In unseren Märchen, Mythen und Sagen wurde seit Jahrhunderten Resilienzentwicklung und Potenzialentfaltung tradiert. Märchenhelden fungieren als Vorbilder für das Erlernen von resilientem Verhalten: Sie lehren uns, Herausforderungen anzunehmen, unserer Angst zu begegnen und sich ihr zu stellen. Das uralte archetypische Wissen von Resilienz und Reifungsprozessen wird im Zyklus der Individuation dargestellt. In ihrer Grundstruktur ähneln sie sich: Heldin oder Held leben in relativer Harmonie mit ihren Eltern. Dann bricht ein Schicksalsschlag über sie herein. Oft stirbt Vater oder Mutter. Bindet sich gerade der Vater neu, beginnt die Auseinandersetzung mit der Stiefmutter, und wie in „Aschenputtel", mit den Stiefschwestern. Das Leben wird den Märchenhelden unerträglich schwer gemacht. Sie werden missachtet, drangsaliert und ungerecht behandelt. Dann kommt der Impuls zum Aufbruch in die Fremde.
Oft bekommen die Märchenhelden einen Kraftgegenstand geschenkt: Ein Taschentuch der Mutter mit drei ihrer Blutstropfen, die Schutz versprachen, die Mutterpuppe, die magische Fähigkeiten besitzt und von der sterbenden Mutter für die Tochter angefertigt wurde, eine blaue Blume, ein besonderes Kraut usw. Das Abenteuer beginnt und schon werden sie mit Widersachern konfrontiert und müssen erste

Ängste überwinden, sei es die Wanderung durch den tiefen, dunklen Wald, das Überqueren des Flusses mit dem unheimlichen Fährmann, der noch Bedingungen stellt, oder den gruseligen Anblick der Frau Holle mit den großen Zähnen in der Unterwelt. Erst dann beginnen die eigentlichen Prüfungen für unsere Helden: meistens drei an der Zahl, wobei der Schweregrad sich von Aufgabe zu Aufgabe um ein Vielfaches erhöht, wie beispielsweise bei „Rumpelstilzchen", wo die arme Müllerstochter immer mehr Stroh zu Gold spinnen muss. Oft drohen drastische Strafen bei Versagen oder Nicht-Erfüllen der Aufgabe – nicht selten der Tod. Auch wächst neben der anfänglichen Verzweiflung der jungen Helden der Mut. Haben sie mit List, Geschick und mithilfe ihrer Zauberdinge die Herausforderungen gemeistert, winkt der Lohn. Sie verlassen die Abenteuerwelt, gereift an ihren Prüfungen, voller Selbstbewusstsein und bekommen die Königstochter zur Frau oder, wie bei „Frau Holle", werden mit Gold überschüttet. Wer die Aufgaben zu umschiffen versucht, sich nicht anstrengt, wie die Stiefschwester der Goldmarie, hat Pech und wird gnadenlos bestraft.

All diese Prüfungen und Abenteuer sind für den eigenen Wachstums- und Reifungsprozess unverzichtbar: Unsere Märchenhelden wären nie zu diesen geworden, hätten sie sich nicht den Gefahren ausgesetzt und ihre Ängste überwunden. Sie haben trotz lebensbedrohender Gefahren einen kühlen Kopf behalten, waren listig und nahmen ihre Zauberdinge zu Hilfe.

Besonders beispielhaft sind wesentliche Merkmale der Resilienzentwicklung und Potenzialentfaltung in dem osteuropäischen Märchen „Baba Yaga und Vasilisa, die Tapfere" (vgl. Mayer 1994) eingebunden. Es ähnelt unserem „Aschenputtel" oder „Hänsel und Gretel", betont aber im märcheneigenen Stil die existenzielle Bedeutung von sicherer Bindung. Aber auch in vielen modernen Märchen finden wir das Thema Resilienz als Individuationsprozess, wie z. B. bei „Pippi

Langstrumpf", „Wir Kinder aus Bullerbü", „Ronja Räubertochter", „Michel aus Lönneberga", „Jim Knopf", „Die kleine Hexe", „Harry Potter" oder „Star Wars". Wie lassen sich diese Märchen im Kita-Alltag nutzen?

**TIPP** Etablieren Sie eine regelmäßige Märchenstunde in Ihrer Kita! Jedes Kind darf sein Lieblingsmärchen mitbringen und es wird vorgelesen. Die Rollen können im Spiel und durch Verkleiden ausprobiert werden. Fragen Sie die Kinder: Was kann die Heldin besonders gut? Was davon möchtest du von welcher Figur des Märchens lernen? So ermöglichen Sie ihnen, positive Vorbilder zu entwickeln. Auch ein Rollenwechsel in „böse" Charaktere sollte möglich sein. Es macht Kindern Spaß, magische Zauberdinge zu basteln und mit ihnen zu spielen, das regt ihre Fantasie an, erlaubt ihnen, Selbstwirksamkeit zu erfahren, sich stärker und mächtiger zu erleben.

### Entwicklung eines positiven Körpergefühls

Kinder brauchen Bewegung, besonders auch an der frischen Luft. Sie wollen ihren Körper fühlen und erfahren, seine Grenzen ausloten und ihre Kräfte messen. So wenig es Erziehende lieben, so sehr wollen Kinder klettern. Es gilt also, einen Raum aufzusuchen, in dem diese Erfahrungen möglich werden, ohne dass es gefährlich ist. Der Junior-Parcours einer Kletterhalle, eines Kletterwaldes oder ein Abenteuerspielplatz kann ein solcher „sicherer Abenteuerort" sein. Auch das Erlernen des Schwimmens ist eine wichtige „Bildungsaufgabe".

## Selbstwirksamkeit

Selbstwirksamkeit ist ein wesentlicher Teil der Persönlichkeitsentwicklung. Sie bezeichnet nicht nur die Fähigkeit, durch eigenes Handeln eine Reaktion der Umwelt zu erzeugen, sondern auch, diese

Handlungen bewusst zu steuern und dabei auf die Bedürfnisse des Umfeldes zu achten. So lernt das Kind in kleinen Schritten, verantwortlich zu handeln und der Gemeinschaft zu nützen.

### Früh Verantwortung übernehmen

Verantwortliches Handeln sollte im Kita-Alltag seinen Platz haben und eingeübt werden: Wenn ich mir ein Spiel aus dem Regal hole, dann bringe ich es nach dem Spielen wieder zurück. Bevor ich etwas Neues beginne, räume ich das Alte auf. Wenn ich gegessen habe, stelle ich mein Geschirr zurück. Dieses Einüben kann durch Loben verstärkt werden. Das Kind bekommt eine positive Verstärkung für angemessenes Verhalten und diese Erfahrung prägt sich ein.

Wie kann Verantwortung übernehmen altersgerecht noch aussehen? Von vielen meiner Patienten habe ich gehört, dass es für sie wichtig war, zu helfen – sei es den Geschwistern, innerhalb der Familie eine Aufgabe innezuhaben oder auch für ein Tier zu sorgen. Rettungsboote baut man bei gutem Wetter an Land. Dieser Sinnspruch beinhaltet eine tiefe Wahrheit: Zur rechten Zeit und bei guten Verhältnissen bereitet man sich auf zukünftige, erwartbare Herausforderungen vor. Auch Kinder sollen schon früh erfahren, wie eine schwierige Situation dadurch gemeistert wird, dass man sich angemessen vorbereitet hat und den Ernstfall geübt, trainiert hat.

### Ziele und Unterstützung

Ein Faktor für Resilienz ist, sich erreichbare Ziele zu setzen. Das Erreichen der Ziele muss geübt werden. Dazu gehört auch, sich geeignete Unterstützung zu suchen. Wie kann ein Kind dies schaffen?
Eine erprobte Möglichkeit, wie Kinder Selbstwirksamkeit erfahren können, bietet das lösungsorientierte Trainingsprogramm „ich schaff's®" (vgl. Furman 2013). Es wurde für die Altersgruppe zwi-

schen fünf und zehn Jahren entwickelt. Der besondere Wert dieses Programms besteht darin, dass gerade auch Eltern, pädagogische Fachkräfte und weitere wichtige Bezugspersonen eine neue Haltung gewinnen, weg von einer defizitären pädagogischen Blickweise hin zu einem ressourcenorientierten Ansatz: lösungsorientiert und nicht problemfokussiert. Eine neue Fähigkeit zu lernen, macht mehr Freude, als für Fehlverhalten bestraft zu werden. Ziel ist es, Kinder zu motivieren und ihnen dabei zu helfen, Probleme zu bewältigen und Fähigkeiten zu lernen, die sie im Leben brauchen. Dabei lernen die Kinder, wie hilfreich es ist, andere um Unterstützung zu bitten, und sie erfahren, dass sie ihr Verhalten ändern können, und zwar in einer Weise, bei der sie sich wohlfühlen. Das Programm ist kooperativ, da die Kinder im Veränderungsprozess aktive Teilnehmer sind. Es ist elternfreundlich, da die Eltern nicht für die Probleme der Kinder verantwortlich gemacht werden, sondern eingeladen sind, gemeinsam mit anderen zu Helfern für ihre Kinder zu werden. Und es ist gemeinschaftsorientiert, da auch Freunde, Familienangehörige, pädagogische Fachkräfte und andere wichtige Bezugspersonen aktiv am Veränderungsprozess mitwirken. Wichtig: Die Schritte sind sehr einfach, klar beschrieben und in den Handbüchern sehr nett bebildert. So kann das Kind im eigenen Trainingsbuch Schritt für Schritt verfolgen, wo es schon steht, und sich auch anschauen, wohin es will.

Die Kinder erlangen durch das Trainingsprogramm Fähigkeiten, indem sie sich selbst in Abstimmung mit Bezugspersonen erreichbare Ziele setzen, die sie allein bisher nicht erreichen konnten. Beispielhaft können hier folgende Probleme und Fähigkeiten genannt werden:

- Immer zuerst kommen wollen – Warten können, bis man dran ist
- Nase bohren – Taschentuch benutzen können
- Einkoten – Toilette benutzen können
- Krach machen – Leise sein

Wenn das Ziel erreicht ist, wird das gemeinsam gefeiert und das Kind dankt allen, die es unterstützt haben, z. B. mit einem selbst gebackenen Kuchen. Auch für die Unterstützer ist das Ganze ein Gewinn: Helfen macht Spaß, mitzuerleben, wie ein anderer sich anstrengt und erfolgreich wird. Helfen macht Mut, selbst schwierige Themen anzugehen. Man selbst ist Teil des Erfolges! Und das, was oft als Unvermögen, Mangel oder Versagen schamhaft erlebt wird, wird anderen (mit)geteilt und kommt somit aus der eigenen Tabuzone: Das Kind ist nicht mehr so allein damit.

Im Kita-Alltag treten oft Verhaltensweisen von Kindern auf, die die Erziehenden oder Eltern als störend empfinden. Anstelle diese zu reglementieren, bietet das Trainingsprogramm Wege, das Störende in eine Fähigkeit zu wandeln und gemeinsam mit den Kindern an dieser Fähigkeit zu arbeiten. Das unerwünschte Verhalten soll nicht negativ bewertet werden. Denn so entstehen bei dem Kind Scham- oder Schuldgefühle. Aus negativen Gefühlen, wie sich ausgegrenzt und minderwertig zu fühlen, entstehen schon früh negative Glaubenssätze, wie „Ich bin dumm!“, „Ich bin falsch.“ Hinter jedem unerwünschten Verhalten steht eine noch nicht erlernte Fähigkeit. Das frühe Miteinander-Lernen, sich realistische Ziele zu setzen und diese auch zu erreichen, andere um Hilfe zu bitten, sind tragende Pfeiler für Resilienz. Erinnern Sie sich an Emmy Werners Forschungsergebnisse zur Resilienz? Sie beschreibt dort die eben genannten Fähigkeiten als wesentliche Schutzfaktoren resilienter Kinder (siehe S. 8). Das Programm „ich schaff's®“ beinhaltet all diese Komponenten und fordert die Kinder auf, sich einen Freund zu suchen, eines anderen Freund zu sein sowie sich Unterstützung zu holen und sich erreichbare Ziele zu setzen – dieser Ansatz ist bindungs- und resilienzbasiert!

**Selbstregulation**

Ein wesentliches Element der Selbstwirksamkeit ist die Fähigkeit, die eigenen Gefühle regulieren zu können. Aber Kleinkinder können ihre Gefühle noch nicht selbst regulieren. Hier liegt die große Verantwortung für die Bezugspersonen. Ihnen kommt die Aufgabe zu, herauszufinden, was das Kind gerade empfindet, was es braucht, und darauf prompt zu reagieren. In der Psychologie nennt man diese Technik „Mentalisierung". Sie setzt feinfühliges Verhalten voraus: die Emotionen wahrnehmen, verstehen, geleitet von der Frage „Was braucht das Kind?", angemessen handeln und zugleich dadurch die Emotionen des Kindes, z. B. auch durch angemessene Formen des Körperkontaktes, regulieren. Ebenso wichtig ist das Verbalisieren der wahrgenommenen Gefühle, wie z. B.: „Ich sehe, dass du traurig/verletzt/verärgert/wütend/hungrig etc. bist. Lass uns schauen, was dir jetzt guttut und hilft, damit es dir besser geht." Deshalb müssen in Feinfühligkeit und Mentalisierung geschulte Bezugspersonen für die Kleinkinder permanent präsent sein.

Je älter und je größer die Kinder werden, umso mehr lernen sie, sich selbst sozusagen im Spiegel der mentalisierenden Bezugsperson zu verstehen. So entwickeln sie schrittweise Formen, Worte und Sprache, um ihre Gefühle zum Ausdruck zu bringen und damit umzugehen. Die Vorgehensweise, übererregten Kindern ein „Time-Out" zu verordnen, sie in die Ecke/vor die Tür zu stellen, ist in keiner Weise hilfreich, denn das Kind kann keine Zuordnung zwischen seinem Verhalten und der Reaktion des Umfeldes in einem solchen Erregungszustand erkennen oder gar daraus lernen. Richtiger wäre ein „Time-In": dem Kind zugewandt bleiben, es beruhigen, auch durch körperliche Berührung (etwa in den Arm nehmen), und koregulieren. Es kann aber auch bei feinfühligem und mentalisierendem Verhalten einer Bezugsperson geschehen, dass das Kind in einen übererregten

Zustand gerät, sich nicht mehr beruhigt, es nicht mehr emotional reguliert werden kann. Hier ist es wichtig, dass die Hilflosigkeit der Bezugsperson nicht in Ärger/Aggression umschlägt. Stattdessen sollte man in Kontakt bleiben, Unterstützung holen, weitere Bezugspersonen hinzuziehen und sich mit den Eltern austauschen!

Wenn wir Menschen uns mit Begeisterung in etwas vertiefen, bedeutet das auch, dranzubleiben, sich anzustrengen und zu üben, wie beim Musizieren oder einer Sportart, eigentlich wie bei allem, was wir lernen möchten. Für die Kleinen bedeutet das, immer wieder aufs Neue die wackelige Kugelbahn aufzubauen, zu variieren, bis sie dann doch wieder zusammenkracht, oder den Kletterbaum immer wieder zu erobern, bis der höchste Ast erklommen ist. Die Lust am Entdecken und Gestalten ist uns allen angeboren. Dabei ist die Neugierde ein zentrales Aktionssystem des Menschen. Im Spiel können wir von Kindern lernen. Sie variieren ständig das den Erwachsenen Vertraute.

## Gute Erfahrungen

Gute Erfahrungen, das meint all die kleinen Erlebnisse des Alltages, die einen positiven Erfahrungshintergrund bilden: Das Essen war lecker, ich habe schön gespielt, ich habe einen Freund gefunden usw. Die Menge von guten Erfahrungen bilden unser Ressourcennetzwerk, die Therapeuten sprechen dabei von „positiven Ich-Zuständen". Diese kleinen Momente des Glücks erlauben es uns, in angespannten, auch schwierigen Lebenssituationen unser seelisches wie körperliches Gleichgewicht zu halten. Es kommt darauf an, schon früh ein Bewusstsein und eine Wertschätzung für gute Erfahrungen zu entwickeln. Positive Erfahrungen und gute Gefühle des Kindes sollten verstärkt und schöne Erlebnismomente im Bewusstsein verankert werden. Dies können Sie den Kindern mit folgenden Fragen bewusstmachen:

- Mit wem hast du heute gern gespielt?
- Was war heute hier schön und hat dir Spaß gemacht?
- Wobei hast du dich wohlgefühlt?

Das kann vor der Mittagspause sein, wenn alle Kinder schon eine Zeit in der Kita gespielt haben. Kinder leben im Hier und Jetzt und überblicken altersabhängig kürzere Zeiträume. Wohlfühlort kann für viele der Gruppenraum oder die Außenfläche der Kita sein. Um die positiven Gefühle der Kinder zu stärken und wertzuschätzen, erkunden und bewundern Sie mit den Kindern die jeweiligen Lieblingsorte.

**Jedes Kind hat eine einzigartige Fähigkeit:** Mit einem ressourcenfokussierten Blick lässt sich bei jedem Kind eine solche Fähigkeit erkennen und benennen. Das Gefühl, über etwas Besonderes zu verfügen, ist wie ein Zauberding aus den Märchen – wir Menschen tragen es in uns. Wenn andere es benennen und wertschätzen, wächst unser Selbstbewusstsein und Vertrauen in uns selbst. Das ist eine wunderbare Basis, neugierig, zuversichtlich Neues auszuprobieren und mit Rückschlägen umzugehen – eben resilientes Verhalten.

**Wesentlich ist die eigene innere Haltung:** Sehe ich vor allem die Defizite, dann verdecke ich die Sicht auf die Möglichkeiten. Besser ist der positive Blick auf die Menschen, die Welt und die Ereignisse. So erkenne ich eher die Potenziale, die in den Geschehnissen liegen, kann sie aufgreifen und nutzen, etwa um die Resilienz eines jeden Einzelnen zu fördern und zu entwickeln.

# Ganz praktisch

## Darauf müssen Sie in der Kita achten

Bevor sich pädagogische Fachkräfte mit der Resilienzförderung von Kita-Kindern wirklich umfassend beschäftigen können, sollte die eigene Resilienz hinterfragt werden.

### Wie steht es um die eigene Resilienz?

Worauf greifen wir zurück, wenn uns das Leben einen oder gleich mehrere Schläge versetzt? Wie gehen wir selbst mit Trennungen, Verlusten von engen Bindungspersonen, Krankheiten und all den Widrigkeiten des Lebens um? Es sind Herausforderungen, die es zu meistern gilt. Dazu ist es hilfreich, die eigenen Resilienzfaktoren gut zu kennen und auf diese bewusst zuzugreifen. Folgende Fragestellungen können helfen, dies zu klären:

- Auf welche Fähigkeiten und Stärken kann ich in schwierigen Lebenslagen zurückgreifen und können mir weiterhelfen?
- Habe ich ein sicheres Netzwerk an Beziehungen zu Menschen geknüpft, das mich notfalls trägt?
- An wen kann ich mich vertrauensvoll wenden, wer spendet mir Trost und Nähe? Wem kann ich mich anvertrauen?
- Wie gehe ich mit Ängsten um? Teile ich sie mit jemandem?
- Wie gehe ich mit belastenden Erfahrungen um und wie beeinflussen diese mein Denken und Fühlen? Was mache ich, wenn sie reaktiviert werden?

**TIPP** Zunehmend werden Seminare zur Resilienzförderung von verschiedenen Bildungsträgern angeboten, in denen die eigenen Resilienzfaktoren erfahren und bewusst gemacht werden. Wir haben alle ein Füllhorn von stärkenden und bereichernden Erfahrungen. Trotz widrigster Umstände haben wir Situationen gemeistert, Prüfungen bestanden, Konflikte ausgehalten, Verluste und Trennungen durchlitten. Dabei haben wir wertvolle Einsichten gewonnen. Es macht Freude, diese Erfahrungen wie Blüten hervorzuholen, anzuschauen, ihren Duft zu riechen und zum bunten Strauß zusammenzufügen. So kann die eigene Resilienz verankert und verinnerlicht werden!

Bei schwierigen Situationen hilft es, innezuhalten und sich seiner Ressourcen bewusst zu erinnern, um sie nutzbar zu machen.

### Atemregulation

Wie behalte ich einen kühlen Kopf bei einer hitzigen Situation? Dabei spielt bewusstes Atmen eine herausragende Rolle – dieses Werkzeug, Ihren Atem, haben Sie immer bei sich!

▶ *Stellen Sie sich vor, dass Ihr Atem wellenförmig aus Ihnen heraus und beim Einatmen wieder in Sie hineinströmt. Versuchen Sie, ganz gelassen, erst einmal Ihren Atem zu beobachten. Dann zählen Sie langsam (im Kopf) eins, zwei, drei, vier beim Einatmen, halten ein bis zwei Takte inne und lassen Ihren Atem vier Takte lang ruhig ausströmen. Wiederholen Sie dies, bis Sie Ihre Aufmerksamkeit mehr auf Ihre Atembewegung gelenkt haben, der Atem ruhiger wird und sich eine angenehme Gelassenheit und innere Ruhe einstellt.* ◀

Diese Methode können Sie in vielen stressigen Situationen nutzen.

### Vier-Elemente-Übung nach Shapiro

Erwachsene und Kinder können sich mit dieser Methode gleichsam erden, sich in hitzigen/beängstigenden Situationen herunterregulieren und wieder einen kühlen Kopf erlangen, der hilft, zu denken und sich nicht allein zu fühlen. Die Übung kann sitzend oder liegend gemacht werden.

**Element Erde:** *Spüre deine Füße, wie sie fest auf dem Boden stehen. Der Boden trägt dich sicher. Du kannst deine Zehen und Füße in deinen Schuhen bewegen. Auch der Stuhl trägt dich gut. Schaue dich um und benenne drei Dinge, die dir vorher nicht aufgefallen sind. Was hörst du?*

**Element Luft:** *Atme langsam durch die Nase ein, und zähle dabei bis vier, halte kurz inne und atme langsam vier Takte durch den Mund wieder aus. Halte einen Moment inne und atme dann wieder langsam ein. Nimm so zehn/zwölf langsame Atemzüge und spüre den Raum in deiner Brust.*

**Element Wasser:** *Wenn wir ängstlich und aufgeregt sind, bekommen wir meistens einen trockenen Mund. Auch können wir dann nicht mehr klar denken. Indem wir Speichel bewusst bilden, setzt unsere Denkfähigkeit wieder ein und wir bekommen mehr Kontrolle über unseren Körper. Es hilft, dabei an eine Zitrone zu denken, in die man reinbeißt.*

**Element Feuer oder Licht:** *Stelle dir einen ganz schönen Ort vor, an dem du gern sein möchtest – einen Wohlfühlort. Es kann auch eine Bewegung sein, wie laufen, planschen, radeln, schaukeln … eben etwas, wobei du dich richtig wohl fühlst. Denke daran und nimmt wahr, wo in deinem Körper du das gute Gefühl spürst.*

Im Anschluss können die Kinder in der Gruppe von ihren Erfahrungen berichten. Achten Sie darauf, dass weder Sie noch die Kinder übereinander Bewertungen zu den berichteten Erfahrungen äußern.
Die Übung schult sowohl die eigene Aufmerksamkeit nach außen wie auch nach innen. Sie beflügelt die Imagination, sich einen wunderbaren Ort, eine Bewegung oder Aktivität zu bilden, an dem oder bei der man sich wohlfühlt. Wie für alle in diesem Buch dargestellten Übun-

gen gilt: Es sind Angebote; wenn ein Kind eine Übung ablehnt oder unterbricht, ist das unbedingt zu akzeptieren!

**Wie gehe ich auf die Metaebene?**
Bei Konflikten oder unklaren Situationen ist es hilfreich, sich die Situation und die Agierenden in einer Art Bühnenstück, einem Schauspiel, vorzustellen. Leicht lassen sich dann die unterschiedlichen Rollen und Spielregeln erkennen, während Sie sicher und interessiert, aber mit genügend Abstand im Zuschauerraum sitzen. Sie können auch nach innen schauen und sich bewusst Ihrem Atmen widmen.

## Was den sicheren Ort Kita erschüttern kann – das Beispiel sexuelle Übergriffe

Die Kita kann ein wunderbarer Erlebnis- und Erfahrungsraum für Kinder sein. Wo gibt es so vielfältige Angebote zum gemeinsamen Spielen, Turnen, Basteln und vieles mehr? Gerade bei Konflikten helfen die pädagogischen Fachkräfte mit, eine gute Lösung zu finden. Wir alle gehen davon aus, dass die Kita ein sicherer Ort für schutzbefohlene Kinder sein sollte, und trotzdem können auch dort Dinge vorfallen, die Erziehende, Kinder und Eltern erschüttern und diesen sicheren Ort verletzen. Denken wir an die schädlichen Auswirkungen von häuslicher Gewalt und sexuellen Übergriffen auf Kinder: Die Grundfeste des Selbst, das Urvertrauen in enge Bindungspersonen, das wesentliche Element für Resilienz, werden dadurch nachhaltig erschüttert!

Was passiert, wenn ein Kind z. B. durch sexualisiertes Verhalten auffällt, das über die altersgemäßen Doktorspiele hinausgeht? Wenn es auch andere Kinder bedrängt? Kinder können sich oft nicht abgrenzen, gerade wenn es der beste Freund ist, der ihm wichtig ist und den man nicht verlieren will. Dann macht ein Kind relativ viel mit, ohne zu widersprechen. Hier heißt es für die pädagogischen Fachkräfte, aufmerksam zu sein und übergriffiges Verhalten zu verhindern und zu thematisieren. Wie kommt es aber zu sexualisiertem Verhalten bei Kindern, auch schon im Kita-Alter? In einem Elternhaus, in dem keine klaren Grenzen von Erwachsenensexualität herrschen, kann es zu sexueller Verwahrlosung kommen, wenn z. B. pornografische Videos im Wohnzimmer laufen, während Kinder dort spielen oder sich aufhalten, wenn Erwachsenensexualität im Beisein von Kindern gelebt wird.

Die Hälfte oder, je nach Studie, sogar bis zu 80 Prozent der Fälle von übergriffigen Kindern und Jugendlichen sind selbst Opfer von Missbrauch. Durch ihr übergriffiges Verhalten anderen Kindern gegenüber versuchen sie selbst, aus der Opferrolle herauszukommen und in der Machtposition zu sein. Letztlich kann dieses Verhalten auch als eine Form der Verarbeitung von erfahrenem Leid gegen den eigenen Willen eingeordnet werden. Laut Johannes-Wilhelm Rörig, dem unabhängigen Beauftragten der Bundesregierung für Fragen des sexuellen Kindesmissbrauchs, gehört sexueller Missbrauch an Kindern und Jugendlichen leider zum Grundrisiko einer Kindheit in Deutschland. Er konstatiert, dass Experten von jährlich 100 000 Straftaten des sexuellen Missbrauchs bei Minderjährigen ausgehen. Die meisten bleiben unentdeckt. Der überwiegende Teil von Missbrauchstaten findet innerhalb der Familie und im sozialen Umkreis statt; sie kommen selten ans Licht (vgl. Seher 2019). Sie müssen als Erziehende leider davon ausgehen, dass auch in Ihrer Kita Kinder betroffen sein können und Erziehende selbst als Kinder sexuelle Übergriffe erlitten haben können.

Auch das kommt vor: Erziehende einer Einrichtung wahren nicht die gebotenen Grenzen und werden selbst übergriffig. Diese Situation ist besonders belastend für die Mitarbeitenden, denen dies auffällt. In diesem Fall gilt: Bitte notieren Sie Ihre Beobachtungen! Suchen Sie Hilfe bei einer Stelle, der Sie vertrauen. Das kann die Leitung der

Einrichtung sein, die behördliche Fachaufsicht oder eine ausgewiesene externe Fachberatung zur entsprechenden Thematik.

**Wie kann das Kita-Team bei sexuellem Missbrauch reagieren**
Erziehende brauchen fundierte Kenntnisse, damit sie Signale der Kinder wahrnehmen können. In den seltensten Fällen verbalisieren Kinder direkt sexuelle Übergriffe. Sie haben noch keine Worte dafür und nur das unbestimmte Gefühl, dass das nicht in Ordnung ist. Meist können sie Grenzverletzungen als solche nicht einordnen und werden zudem offen bis subtil bedroht, anderen nichts darüber zu sagen. Deshalb ist es notwendig, dass der regelmäßige Austausch über die Geschehnisse in der täglichen Arbeit in Form einer Teamsupervision institutionalisiert ist. Sie bietet den geschützten und qualifizierten Raum, um die Beobachtungen zu besprechen, eine abgesicherte Einschätzung der Problemlage zu erarbeiten und, so erforderlich, darauf aufbauend einen Vorgehensplan zu erarbeiten. Denn mit der Rückendeckung des Teams und der Leitung wird aus einer persönlichen Beobachtung ein belastbarer Sachverhalt. Dieser stellt die Grundlage für Gespräche mit Eltern und anderen Einrichtungen zur Sicherung des Kindeswohls dar. Sehr problematisch wird es, wenn das Fehlverhalten von einem Erziehenden ausgeht. Bitte beanspruchen Sie in einer solchen Situation eine Einzelsupervision oder holen Sie sich Hilfe bei einer Fachberatungsstelle.

**GUT ZU WISSEN** Supervision ist Qualitätssicherung! Einige therapeutische Fachkräfte sind spezialisiert auf Traumata: Wie erkennen wir sexuellen Missbrauch oder häusliche Gewalt bei Kindern und wie gehen wir damit um? Falls Ihr Träger solche Fortbildungen bisher noch nicht angeboten hat, sprechen Sie die Leitung an und bitten Sie um Schulungen zur Sensibilisierung.

Aber leider passiert es immer wieder: Aufgrund der dünnen Personaldecke können viele Teams das Angebot selten komplett wahrnehmen. Das sollte sich schnellstmöglich ändern.
Es gibt viele gemeinnützige Einrichtungen zur Förderung des Kindeswohls, wie etwa den Kinderschutzbund, Anlaufstellen gegen sexuelle Kindesmisshandlung und Erziehungsberatungsstellen wie auch behördliche Einrichtungen mit dieser Aufgabenstellung. Auf regionaler Ebene haben sich oft Arbeitskreise gebildet, die einen Austausch zu bestimmten Themen zwischen diesen Einrichtungen ermöglichen. Es ist überaus hilfreich, in solchen Arbeitskreisen mitzuwirken, etwa indem der Träger einer Kita dorthin eine pädagogische Fachkraft entsendet.

## Grenzen der Resilienzförderung in der Kita

Man mag sich das anders wünschen, aber es ist heute eine gesellschaftliche Realität: Beide Elternteile sehen sich mit der Erwartung konfrontiert, im Beruf erfolgreich zu sein. Oft reicht ein Einkommen nicht für ein Auskommen der Familie, oft gibt der Beruf nicht den Spielraum, längere Erziehungszeiten in Anspruch zu nehmen, ohne dabei wiederum berufliche Nachteile in Kauf nehmen zu müssen. Haben Eltern also eine reale Wahlfreiheit bei der Vereinbarkeit von Familien- und Erwerbsarbeit? Es wäre wünschenswert, wenn sie die Betreuung von Kleinstkindern weitgehend selbst und partnerschaftlich übernehmen könnten. Die Aufteilung der Elternzeit sowie auch die mögliche Verlängerung der Elternzeit, wenn beide Partner in Teilzeit wieder arbeiten gehen, stellen erste Schritte in diese Richtung dar. Liebe ist der Wirkfaktor, der Kinder in der frühen Kindheit leben und wachsen lässt. Alle Kinder brauchen von Anfang an konstante, verlässliche, zugewandte und feinfühlige Bindungspersonen, damit sich eine sichere Bindung zu ihnen entwickeln kann.

Tagesfamilien und U3-Gruppen bieten Kindern, denen dieser familiäre Hintergrund fehlt, einen anregungsreichen und guten Entwicklungsraum. Sie stellen einen wichtigen Beitrag zur Realisierung von Chancengleichheit dar. Nehmen Eltern ergänzend eine Kita oder Tagesfamilie in Anspruch, müssen sie auf eine gute Qualität vertrauen können. Aber gegenwärtig werden Bindungs- und Beziehungsbedürfnisse von Kindern bis drei Jahren in der Fremdbetreuung völlig unzureichend berücksichtigt, was sich in der Betreuungsrelation (viel zu hohe Zahl von Kindern pro Betreuungsperson) ausdrückt. Wenn die Bundesländer darauf verzichten, landesweite Standards für die Fremdbetreuung unserer Kinder festzulegen und zu verabschieden, bleibt es den Trägern überlassen, welcher Betreuungsschlüssel in der jeweiligen Einrichtung herrscht. Das hat oft sehr nachteilige Auswirkungen auf die Qualität der Betreuung. Nach der Krippenstudie NUBBEK (vgl. Mayer 2019) werden beispielsweise bayrische Krippen nur zu einem kleinen Prozentsatz als gut bewertet. Der Großteil der Einrichtungen erreichte nur eine mittlere Qualität.

Was heißt schon mittlere Qualität? Wollen wir ernsthaft für unsere Kleinsten ein mittelmäßiges Betreuungsangebot? Wenn wir doch wissen, dass ein guter Betreuungsschlüssel für Kinder unter einem Jahr 1 : 2 ist und 1 : 3 für Kinder zwischen zwei und drei Jahren, ein höherer Schlüssel deprivatorische Bedingungen für Kinder darstellt, wie können wir diese Bedingungen mitverantworten? Das heißt, dass wir alle, nicht nur die Eltern und Großeltern, sondern auch die Erziehenden, die betreuenden Einrichtungen aller Träger wie auch die Entscheider in Politik und Verwaltung mit diesen Tatsachen konfrontieren müssen.

Ausreichende Rahmenbedingungen und klare politische Vorgaben sind zur Qualitätssicherung in Krippen unabdingbar. Beste Qualität für Kleinkinder in Familie und Krippe!

Die Gesellschaft für Seelische Gesundheit in der Frühen Kindheit setzt sich für die Vermeidung und Früherkennung von Fehlentwicklungen ein. In ihrem Positionspapier betont sie, je früher Krisen, psychosoziale Belastungen und Risikosituationen erkannt werden, desto wirkungsvoller können Familien unterstützt und junge Kinder geschützt werden (vgl. GAIMH 2019).

Was können solche Krisen, psychosoziale Belastungen und Risikosituationen sein? Das können Mütter mit postpartaler Depression sein, Eltern mit chronischen psychischen oder somatischen Beschwerden, Eltern mit Substanzmissbrauch, aber auch bei Armut ist Entlastung zum Wohl der Kinder unerlässlich. Diese Familien brauchen spezialisierte Hilfsangebote, auf die die Kitas aufmerksam machen können. Um dies erkennen zu können, braucht es einen geschulten Blick und Feinfühligkeit.

**TIPP** Supervision der Betreuenden als eine Form der Qualitätssicherung ist substanziell.

# Ein paar Worte zum Schluss

## Stolpersteine und Tipps zur Resilienzförderung

Sicher fallen Ihnen etliche Stolpersteine bei der Umsetzung von Resilienz fördernden Projekten ein. Das allgegenwärtige Thema Finanzen und Personalmangel stehen da wohl an vorderster Stelle. Wie soll der angestrebte Personalschlüssel erreicht werden? Wie oft werden Eltern gebeten, ihre Kinder zu Hause zu betreuen, da Erziehende erkrankt sind und Gruppen zusammengelegt werden müssen? Und dann noch mehr Anforderungen? Wer soll denn Supervision, einzeln oder als Team, bezahlen? Wer übernimmt die Fortbildungskosten? Und finden Fortbildungen in der Freizeit oder am Wochenende statt?

Dieses Buch möchte dazu beitragen, dass Betreuende in Kitas entlastet werden und ihnen nicht noch mehr aufgebürdet wird. Es ist klar, dazu braucht es die Unterstützung aller, und das muss auch im politischen Raum durchgesetzt werden.

**TIPP** Was immer möglich und wichtig ist: Pflegen Sie Ihre persönliche Resilienz, bewahren Sie Ihre Work-Life-Balance, thematisieren Sie Missstände, anstatt sich davon erdrücken zu lassen!

Wie schauen Sie auf sich und auf die Kinder Ihrer Kita? Gelingt es Ihnen, von einem defizitären Blick auf einen ressourcenvollen zu wechseln? Holen Sie sich Unterstützung gerade bei Verhaltensweisen von Kindern, die für Sie anstrengend und sehr herausfordernd sind? All diese Fragen und Bedenken haben ihre Berechtigung – trotzdem: Es gibt immer auch Wege um die Stolpersteine herum. Wenn z. B. die Kita-Leitung vom B.A.S.E.®-Projekt begeistert wird, kann sie bei den jeweiligen Trägern eigene Mitarbeitende für Fortbildungen zu Trainern empfehlen und finanzieren. So plant die Einrichtung nachhaltig und hat konstanten Benefit für Jahre. Das zahlt sich nicht nur finanziell aus, sondern vor allem auch beim Betriebsklima und im Miteinander der Kinder und Betreuenden.

Viele Anregungen zur Resilienzförderung in diesem Buch machen Spaß, ermöglichen Wachstum und Selbstwirksamkeit – nicht nur bei den Kindern. Gerade Eltern können gut miteinbezogen werden. Wenn es z. B. um Lieblingsmärchen der Kinder geht, sind Geschichten aus unterschiedlichen Kulturkreisen und Ländern besonders spannend. Vielleicht lässt es sich mit Eltern absprechen, dass diese mit dabeibleiben und die Geschichte erzählen oder auch einen Teil in der Landessprache vorlesen. Das Gleiche gilt auch für das Musizieren, gemeinsame Singen und erlernen von Liedern aus den Ländern der Kinder. Unterstützung für Projekte können auch ehrenamtlich getragen werden, wenn Ehrenamtler begeistert werden und ihr Engagement gewürdigt wird.

Nutzen Sie trotz aller Stolpersteine die besondere Chance, sich an der Resilienzbildung der Kinder zu beteiligen. So machen Sie Kinder schon in jungen Jahren seelisch stark und widerstandsfähig, zugleich ist dies eine nachhaltige Investition in die nächsten Generationen.

# Literatur und Leseempfehlungen

## Quellenangaben

Bauer, Joachim (2005): Warum ich fühle, was du fühlst: Intuitive Kommunikation und das Geheimnis der Spiegelneuronen, Hamburg: Hoffmann und Campe

Bowlby, John (1980): Attachment and loss. Vol.III: Sadness and depression (pp.442), New York: Basic Books

Brisch, Karl Heinz (2016): GEO Kompakt Nr. 47: Was Kinder stark macht, Hamburg: Gruner + Jahr, S. 54–61

Felitti, Vincent J. / Anda, Robert F. et al. (1998): Relationship of childhood abuse and household dysfunction to many of the leading causes of death in adults, The Adverse Childhood Experiences (ACE) Study, Am J Prev Med, 14 (4), p. 245–258

Fressmann, Klaus / Kniel, Manfred / Schick, Andreas / Cierpka, Manfred (2007): Die Kieselschule. Ein Programm zur musikalischen Förderung von Kompetenzen zur Gewaltprävention, in: Trauma und Gewalt, Stuttgart: Klett-Cotta, 3/2007, S. 200–212

Furman, Ben (2013): Ich schaff's, aus dem Englischen von Kirsten Dierolf, 5., unveränderte Auflage, Heidelberg: Carl-Auer-Verlag

GAIMH (Hrsg.) (2011): Ein Platz allein genügt nicht – Beste Qualität für Kleinkinder in Familie und Krippe!, https://www.gaimh.org/reader-veroeffentlichungen/positionspapier.html (20. 03. 2020)

Hüther, Gerald (2007): Expertise „Singen ist ‚Kraftfutter' für Kindergehirne. Die Bedeutung des Singens für die Hirnentwicklung", https://come-together-songs.de/wp-content/uploads/PDF/Expertise_Prof_G_Huether1.pdf (20. 03. 2020)

Ihle, Wolfgang/Esser, Günter (2007): Tagesbetreuung für Kinder bis 3 Jahre aus psychologischer Sicht. Zeitschrift Kinder- und Jugendarzt, Köln: Berufsverband der Kinder- und Jugendärzte e. V. Mayer,

Daniela et al. (2019): Nationale Untersuchung zur Bildung, Betreuung und Erziehung in der frühen Kindheit (NUBBEK), Ergebnisbericht der Untersuchung in Bayern, https://www.ifp.bayern.de/imperia/md/content/stmas/ifp/projektbericht_25_nubbek.pdft (20.03.2020)

Mayer, Marianna (1994): Baba Yaga and Vasilisa, the brave, New York William: Morrow & Company

Nuber, Ursula (2005): Resilienz: Immun gegen das Schicksal? Psychologie Heute, 32(9), Weinheim: Beltz, S. 20–24

Reddermann, Luise (2006): Überlebenskunst, Stuttgart: Klett-Cotta

Saalfrank, Ulrike (2012): Professor Dr. Gerald Hüther im Gespräch mit der Psychologin und Sachgebietsleiterin für Kindertagesstätten im Amt für Kinder, Jugendliche und Familien der Stadt Rosenheim, http://www.fitz-rosenheim.de/fileadmin/Redaktion/Import/Dokumente/INT-Prof._Huether-Interv.pdf (20.03.2020)

Seher, Dietmar (2019): Schutz vor Missbrauch – Regierungsbeauftragter zieht verheerende Bilanz, https://www.t-online.de/nachrichten/deutschland/gesellschaft/id_85337202/bundesbeauftragter-experten-vermuten-jaehrlich-100-000-missbrauchsfaelle-gegen-kinder-in-deutschland.html (20.03.2020)

Shaldrake, Rupert (2012): Der siebte Sinn der Tiere: Warum Ihre Katze weiß, wann Sie nach Hause kommen, und andere bisher unerklärte Fähigkeiten der Tiere, Frankfurt: Fischer Taschenbuch Verlag

Teicher, Martin H. (2011): Frühe Misshandlungs- und Missbrauchserfahrungen: Gene, Gehirn, Zeit und Pathologie, In: Brisch, Karl Heinz (Hrsg.): Bindung und frühe Störungen der Entwicklung., Stuttgart: Klett-Cotta, S. 111 ff.

Urner, Maren (2018): Mit diesem Zaubermittel erlebst du dein grünes Wunder, https://perspective-daily.de/article/593/probiere (20.03.2020)

Welter-Enderlin, Rosmarie (2012): Resilienz – Gedeihen trotz widriger Umstände, Heidelberg: Carl-Auer-Verlag, 5. Auflage

Werner, Emmy. E. (1992): The children of Kauai: Resiliency and recovery in adolescence and adulthood. Journal of Adolescent Health, 1990, 13 (4), p. 262–268

Wohlleben, Peter (2015): Das geheime Leben der Bäume. Was sie fühlen, wie sie kommunizieren – die Entdeckung einer verborgenen Welt, 16. Auflage, München: Ludwig Verlag

## Leseempfehlungen

Bohne, Michael (2013): Bitte klopfen, Soforthilfe. Sonderausgabe 2013, Heidelberg: Carl-Auer-Verlag

Brisch, Karl Heinz (2010): SAFE® – Sichere Ausbildung für Eltern, Stuttgart: Klett-Cotta

Frei, Pauline / Marya, Sabine (2018): Was ist bloß mit Alex los? Früherkennung der Folgen von extremer Gewalt bei Kindern und Jugendlichen – ein sensibilisierendes Fachbuch für Mitarbeiterinnen und Mitarbeiter aus dem pädagogischen und sozialen Bereich, Leipzig: Engelsdorfer Verlag

Shapiro, E. (2009): Four Elements exercise for stress management. In: M. Luber (Ed.), Eye Movement Desensitization and Reprocessing (EMDR) Scripted Protocols: Basics and Special Situations New York: Springer Publishing Co, p. 73–79

Autoren-info

**Petra Weirauch-Schmachtenberg,** geb. 1956, praktiziert als Kinder- und Jugendlichenpsychotherapeutin in Aachen. Daneben ist sie Supervisorin und Dozentin mit dem Schwerpunkt Psychotraumatologie und EMDR.